DESENHANDO FÁCIL

PAULO DANTAS

2019

ISBN:9781095942239

PREFÁCIO

INTRODUÇÃO

Você já desenhou alguma vez na vida? Se pensar só um pouquinho, logo se recordará...Pensemos então na infância, talvez tenha desenhado nas paredes de sua casa, em várias atividades na escola ou até mesmo fez alguns desenhos dos amigos por pura diversão. Isso tornou-se natural naquele período, quando observava o mundo de outra forma, captava outros detalhes sem preocupações alheias com outros assuntos.

Esta obra consiste em vinte e cinco desenhos de animais sobre os quais são explicados, detalhadamente, passo a passo. Tais desenhos foram elaborados para promover sua criatividade, apresentando baixo nível de dificuldade na sua realização.

Convém ressaltarmos que você reacenderá um pouco seu lado artístico, poderá, com certa convicção, aperfeiçoar sua memória, ao passo que se lembrará das coisas com mais rapidez e destreza, assim como, irá aprimorar sua concentração, observando detalhes dos objetos e, nessa perspectiva, verá seu progresso dia a dia, e perceberá que ficará mais aguçada com um tempo.

Outrossim, ao desenhar, você, também amplificará sua criatividade, e pode se tornar, gradativamente, uma pessoa mais perceptiva, conseguindo até mesmo defrontar com mais clareza fatos do seu cotidiano. Poderíamos citar algumas pessoas criativas que alcançaram satisfações na vida, ao aperfeiçoar suas habilidades, contudo, deixemos a seu critério se lembrar dessas pessoas que possuem um alto grau de criatividade. Deste modo, você estará desenvolvendo seu lado direito do cérebro, comprovado cientificamente ser o lado que comanda nossa criatividade, como também seu lado artístico. Colocamos essa questão como uma das mais valiosas que mencionamos aqui nesta obra.

Portanto, anime-se, liberte sua criatividade e desenhe sem medo de descobrir algum talento escondido ou simplesmente, desenhe por puro prazer.

Paulo Dantas

GATO

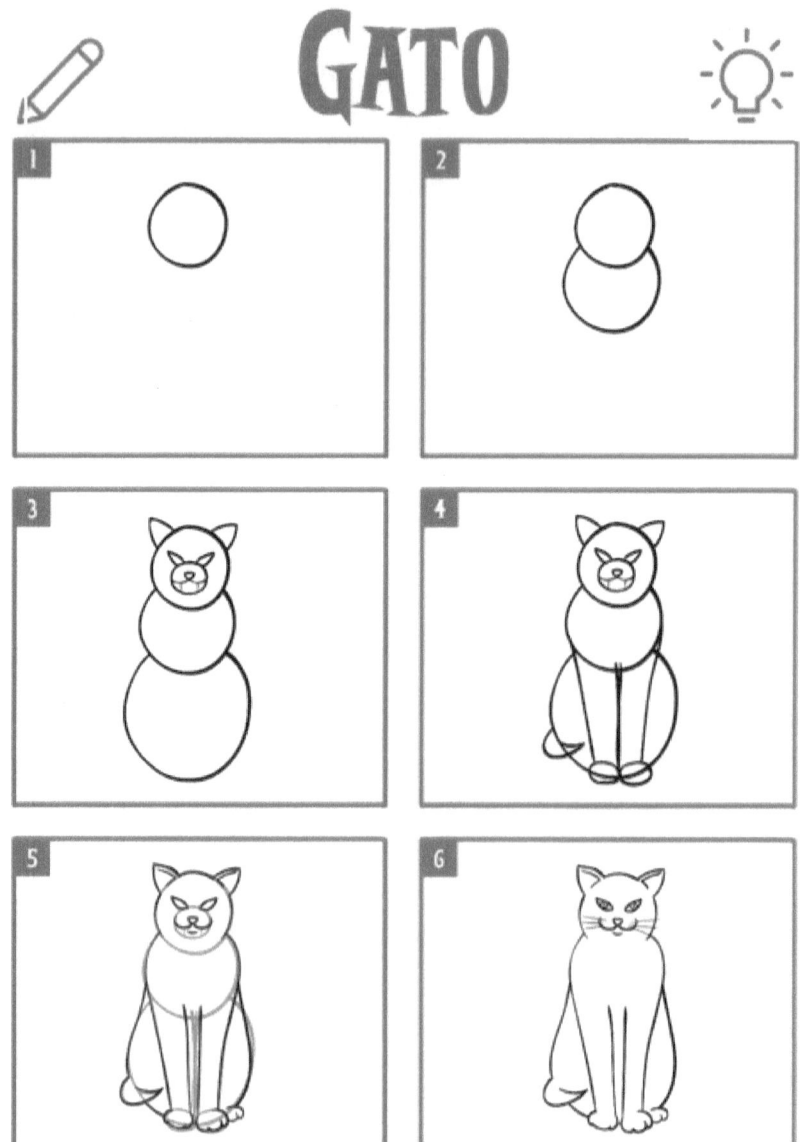

 # BEIJA-FLOR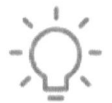

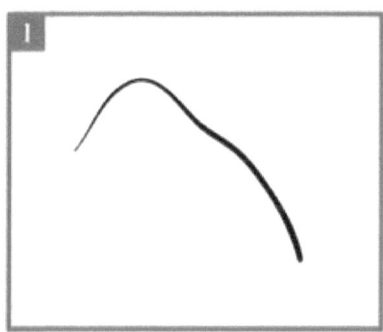

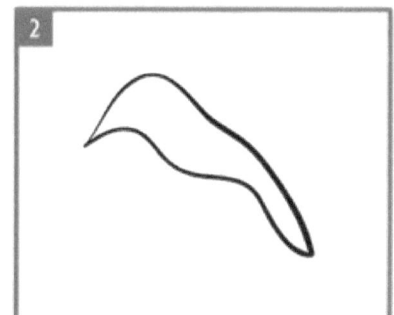

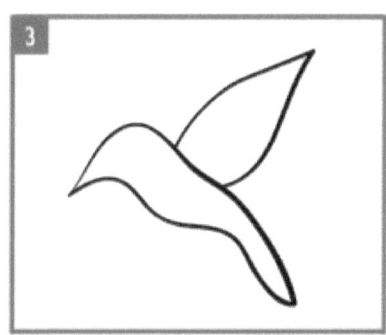

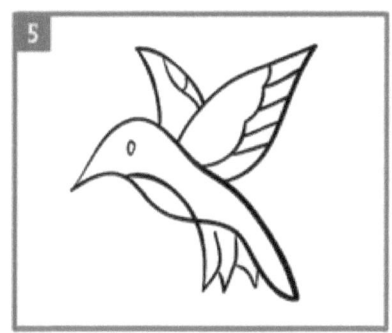

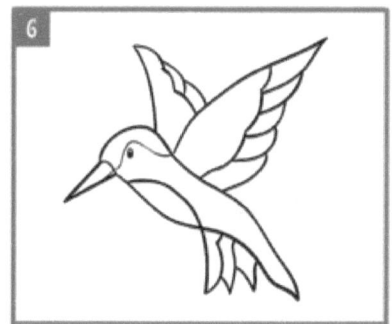

PATO

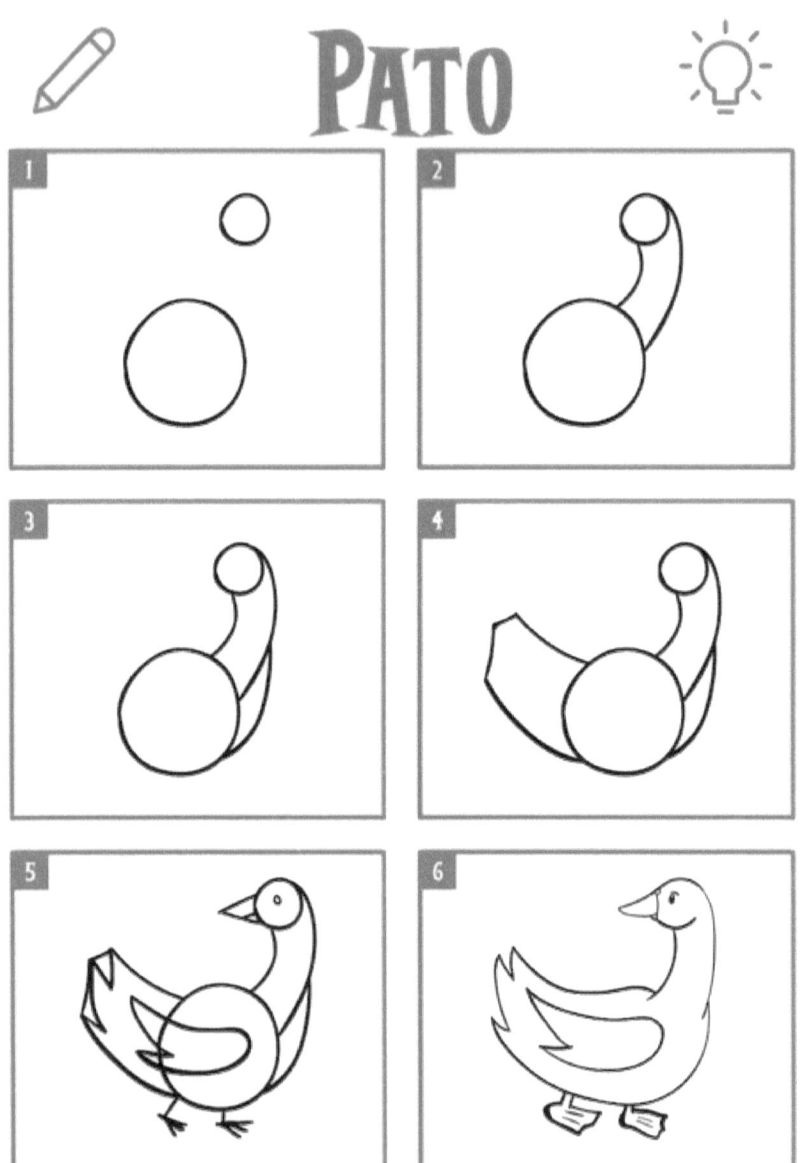

LIBÉLULA

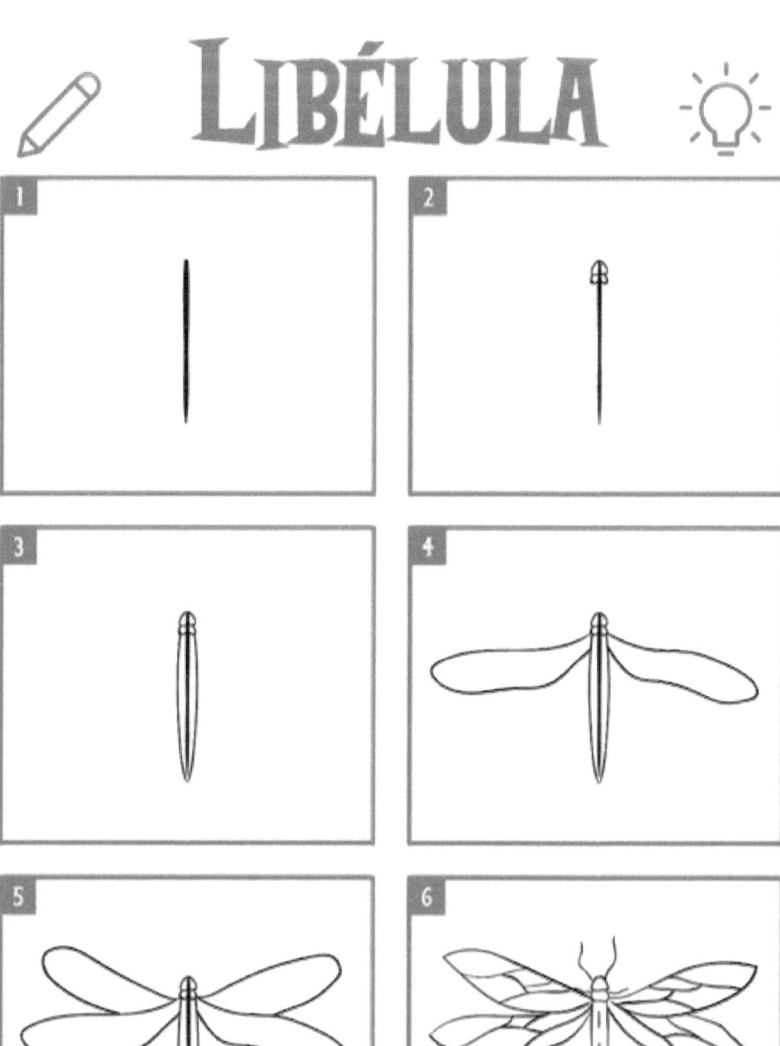

OVELHA

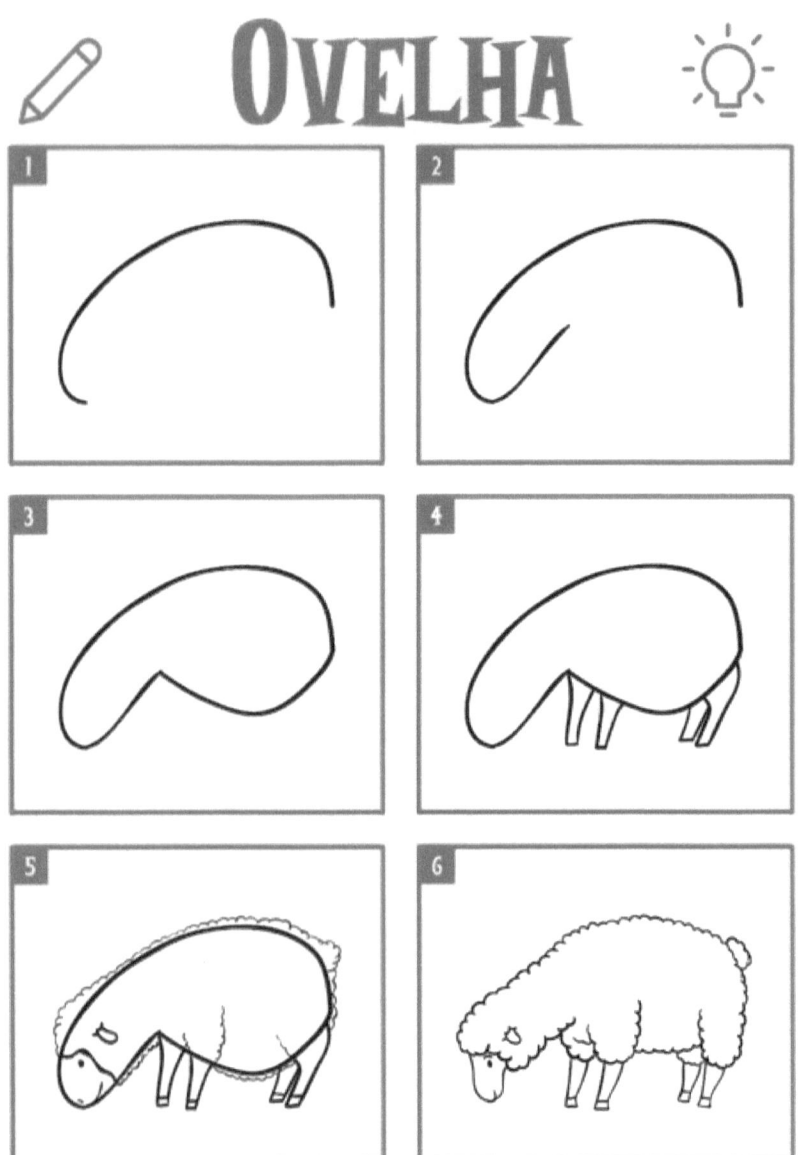

TARTARUGA

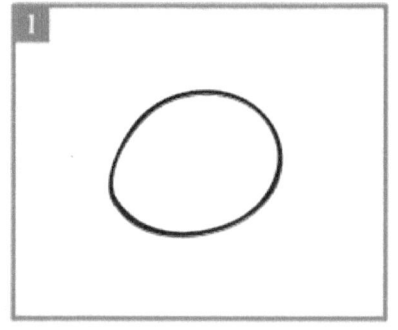

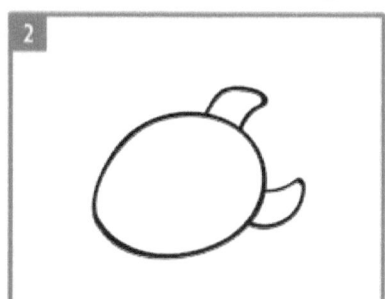

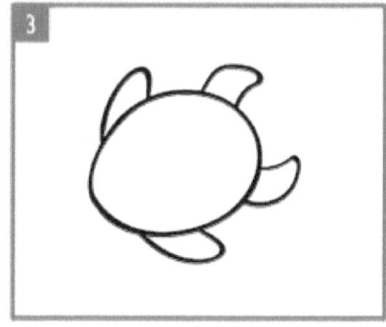

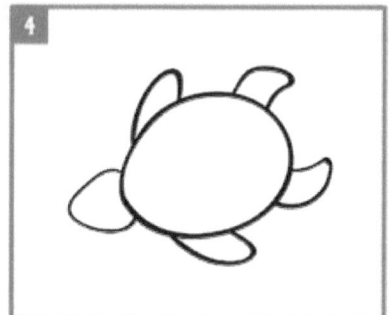

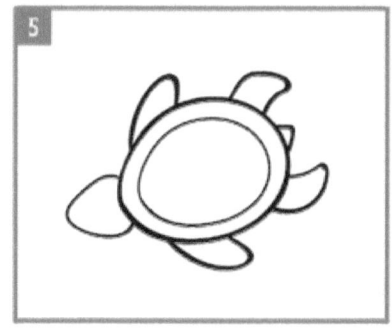

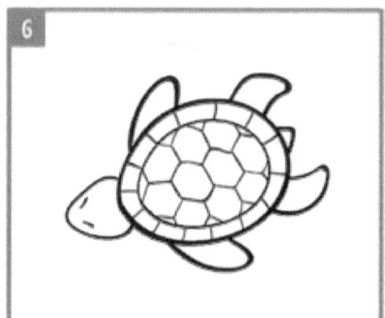

11

SAPO

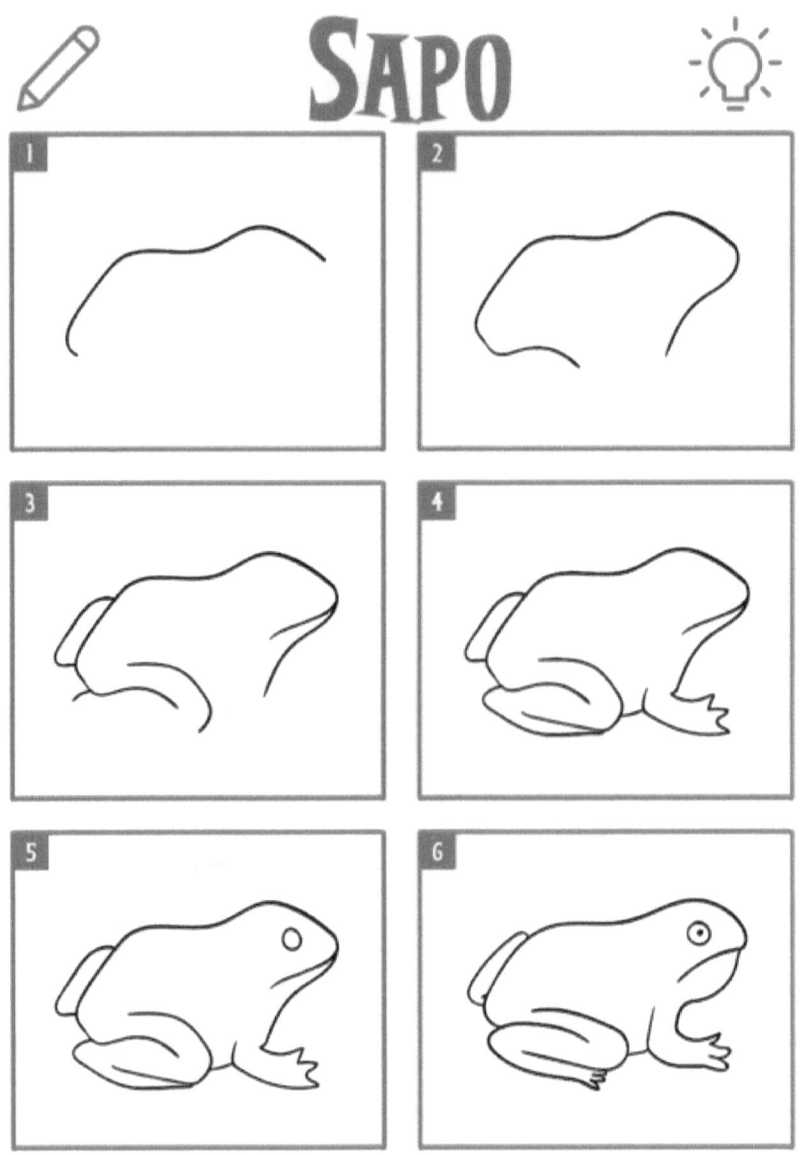

PORCO

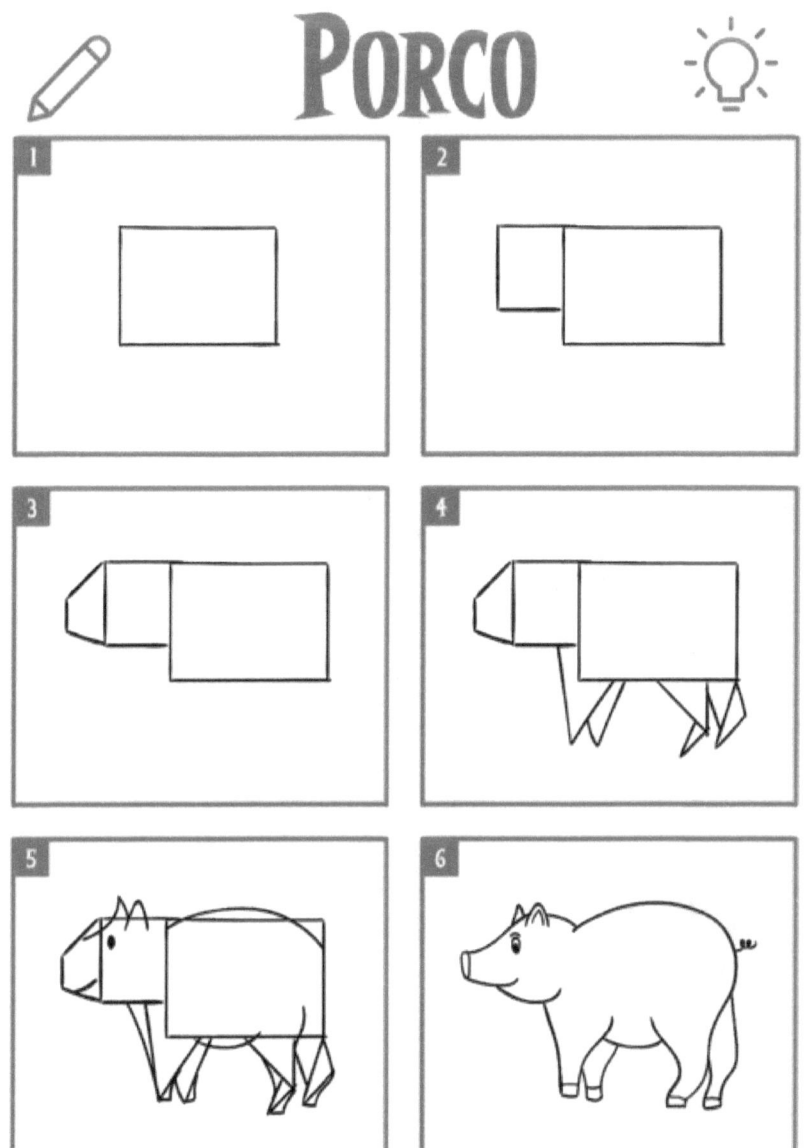

PÁSSARO

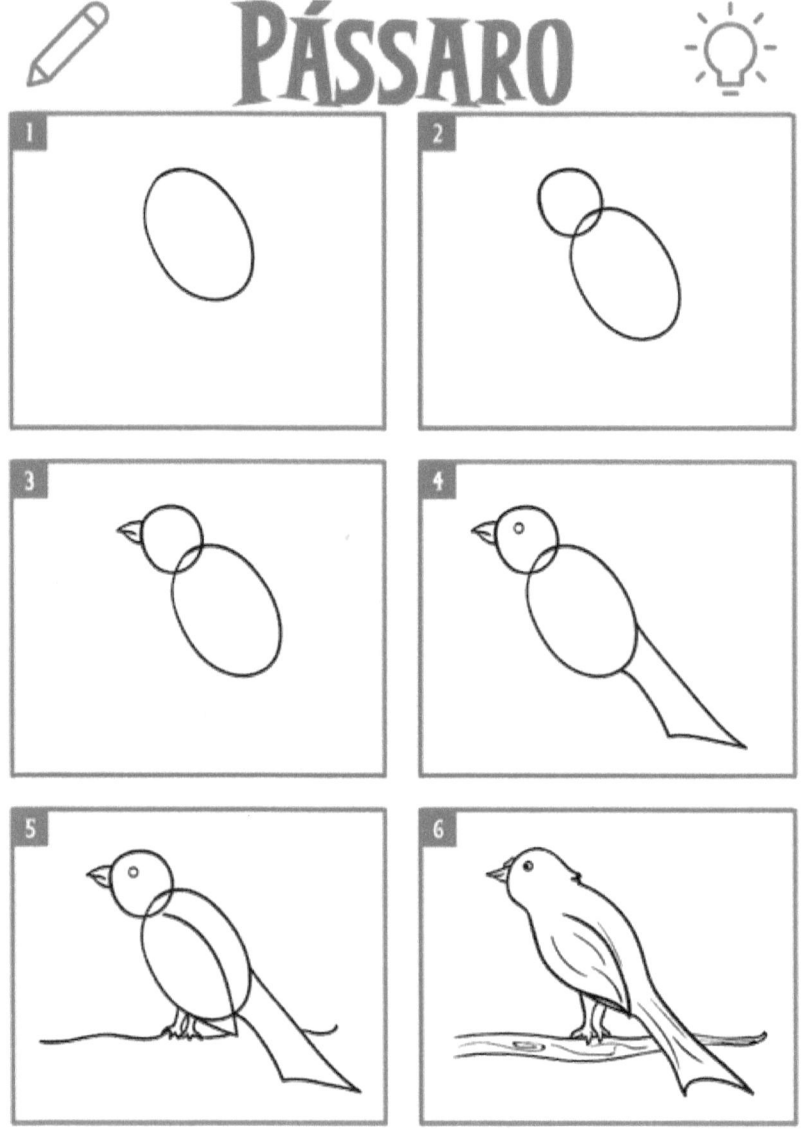

PAPAGAIO

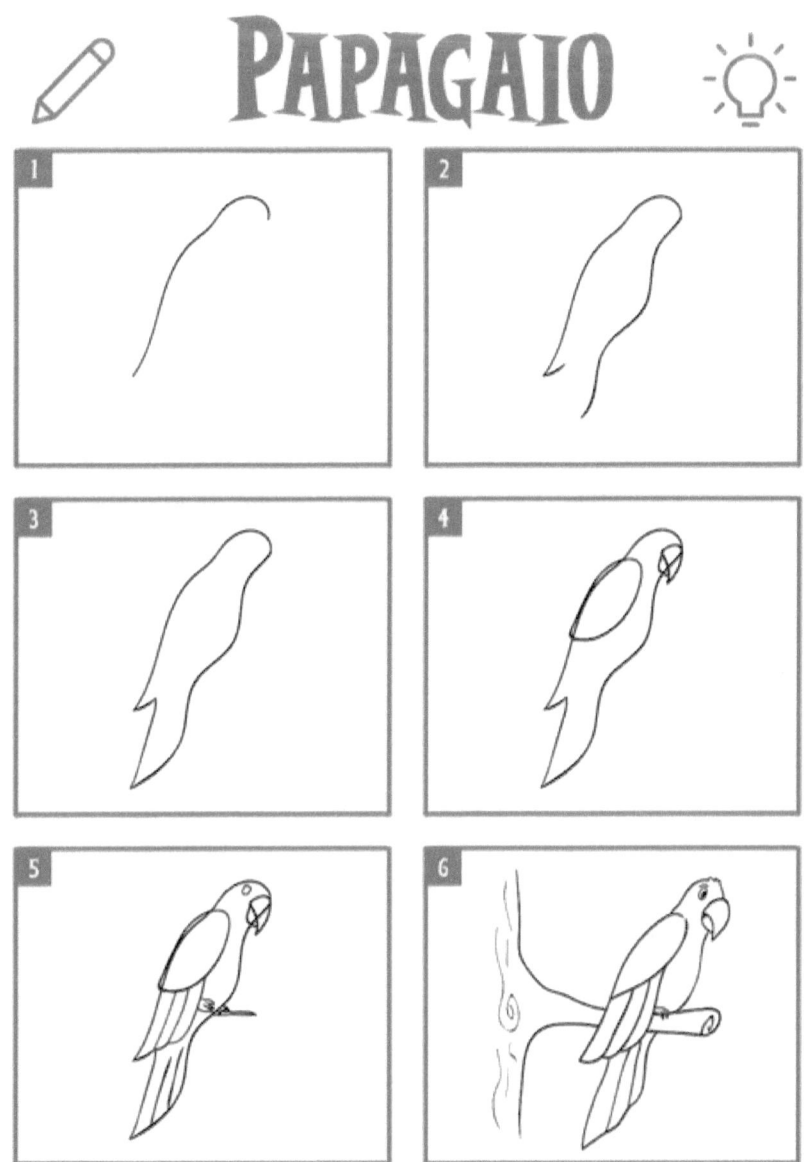

RATO

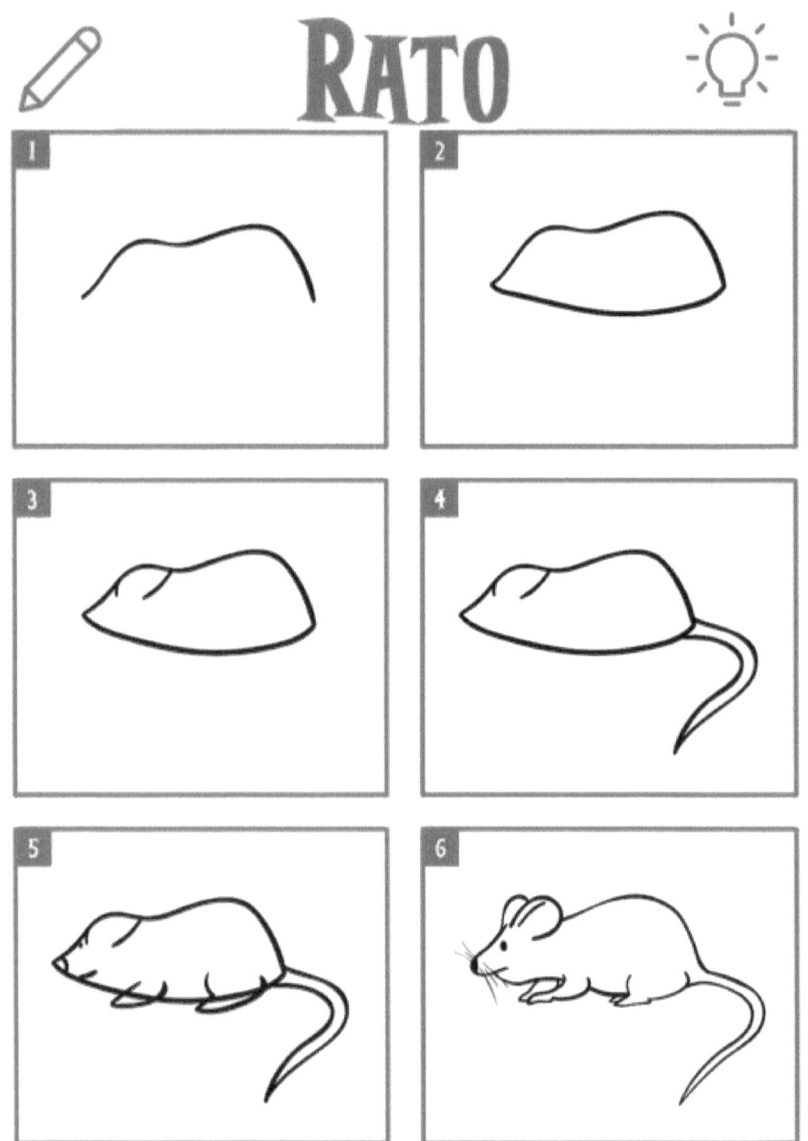

CORUJA

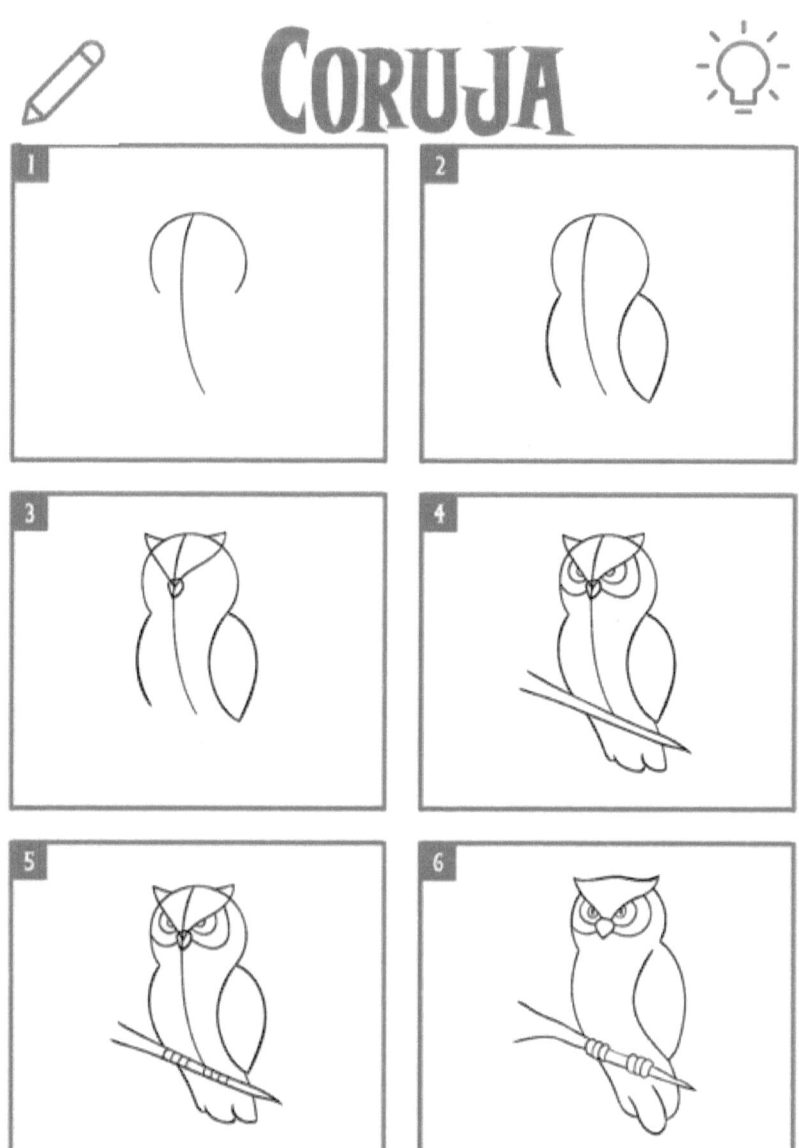

PEIXE

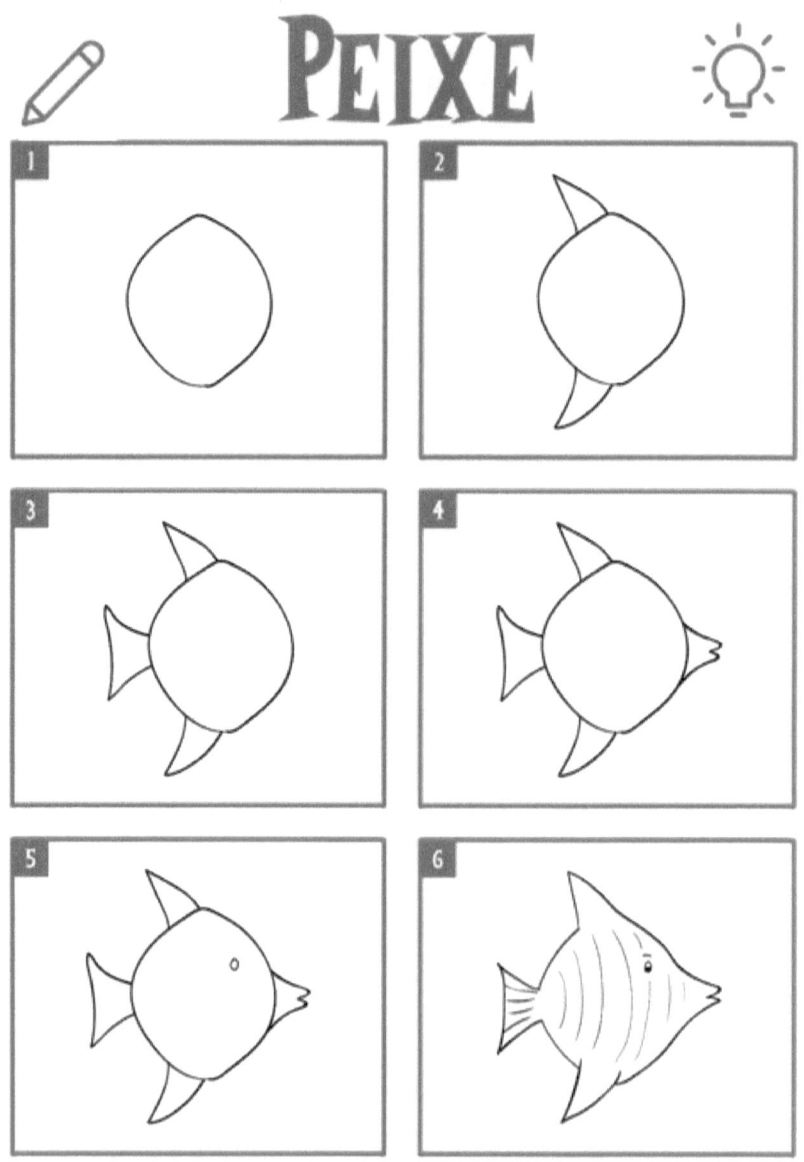

BORBOLETA

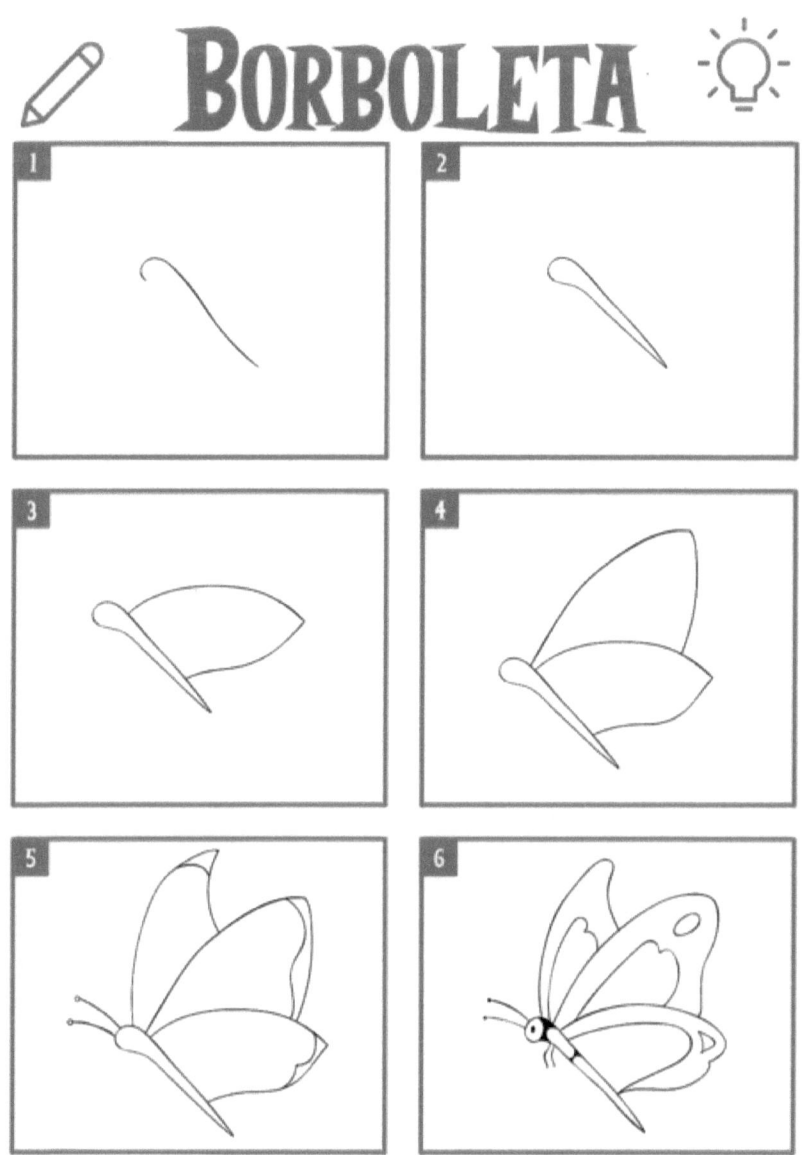

TUCANO

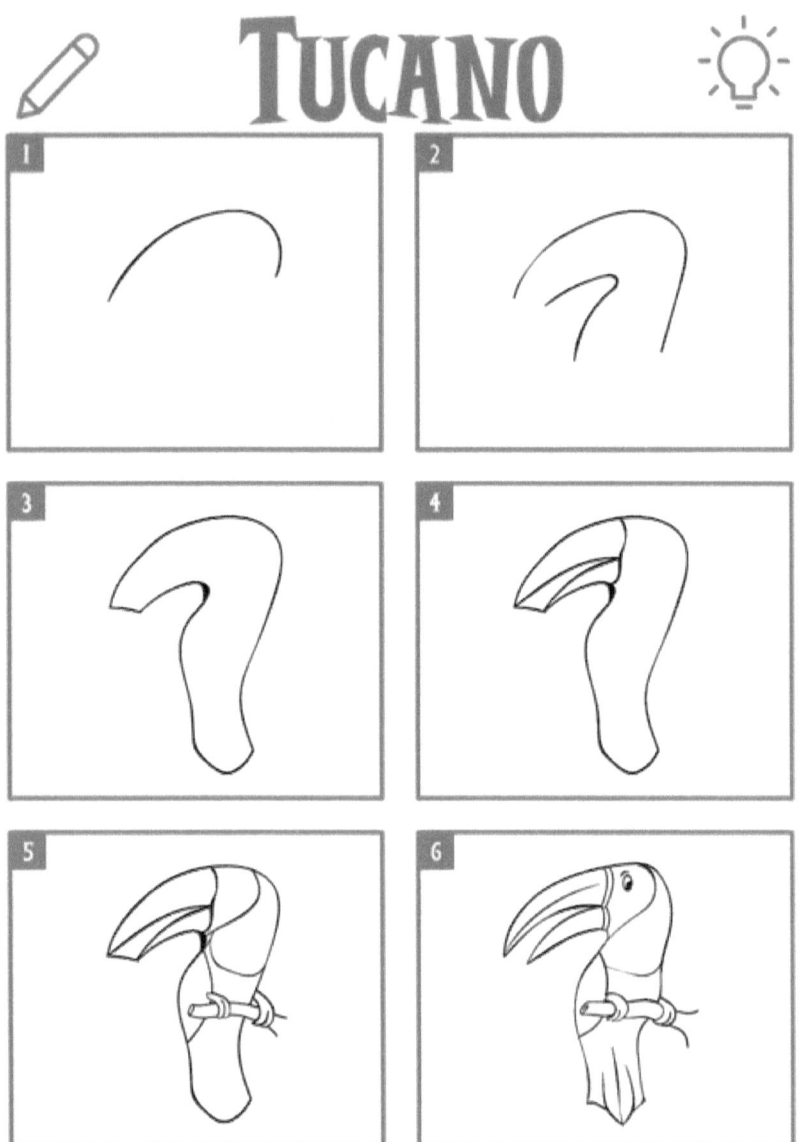

GOLFINHO

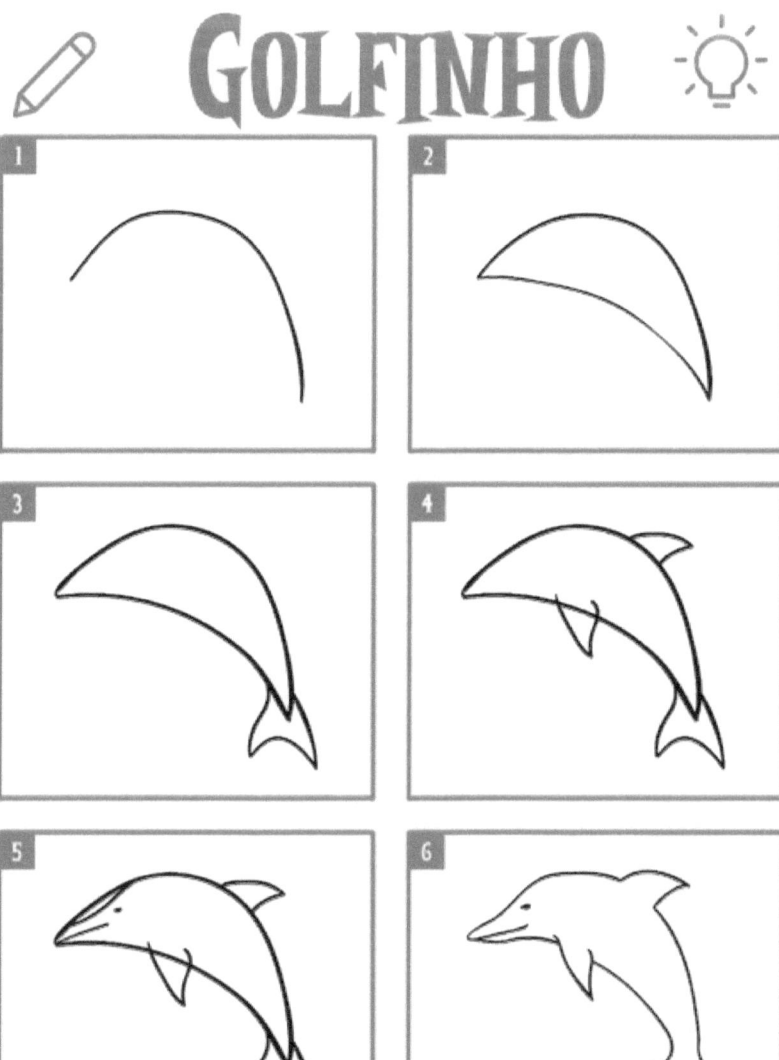

COELHO

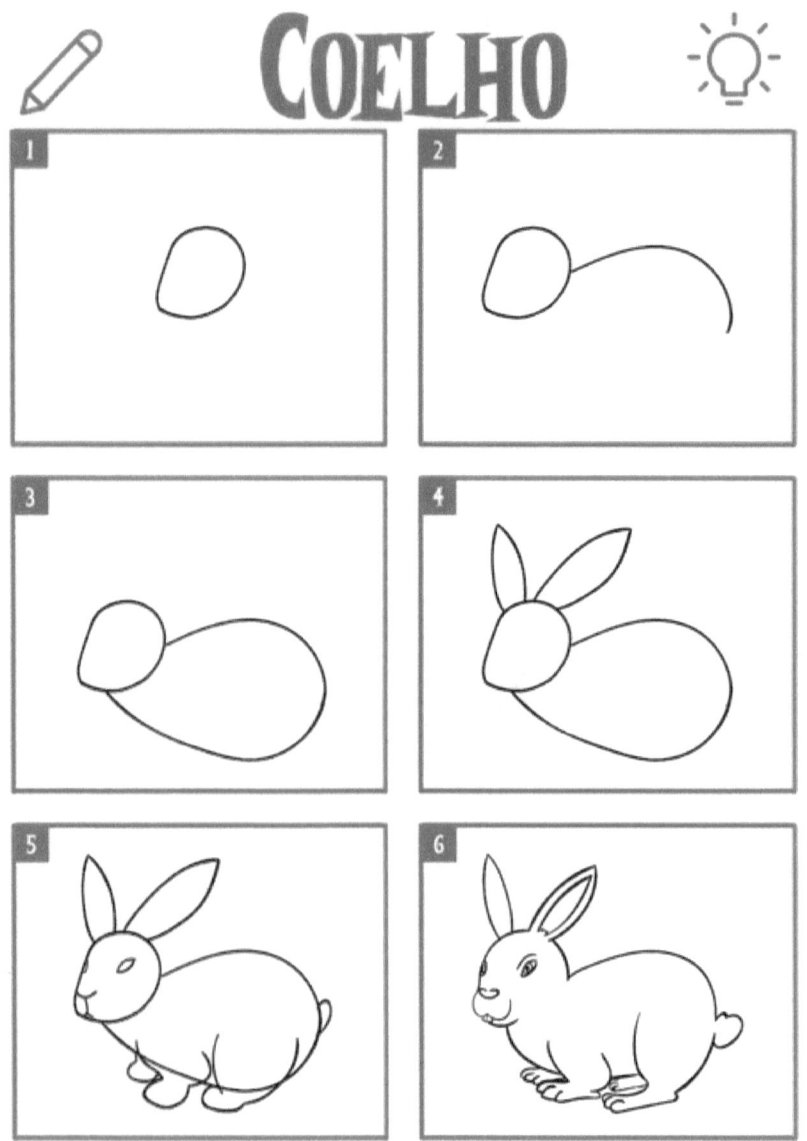

 # CACHORRO

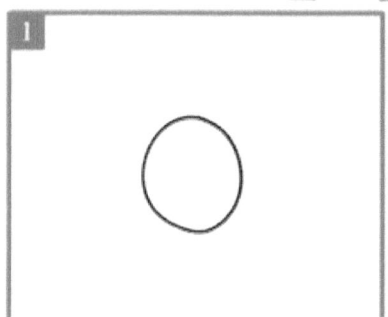

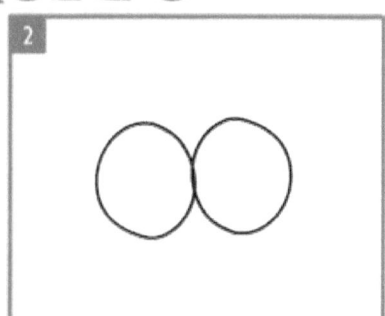

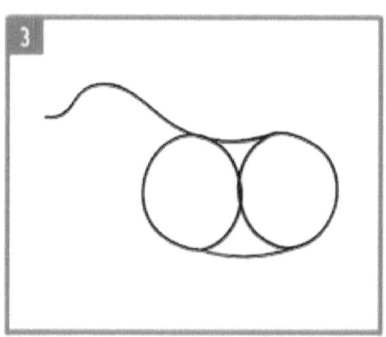

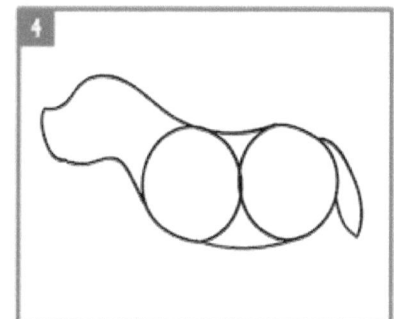

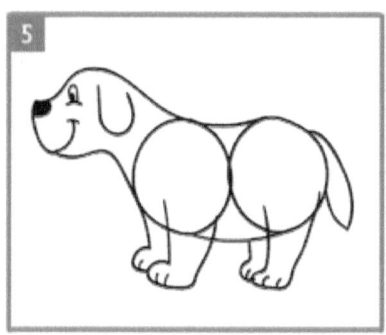

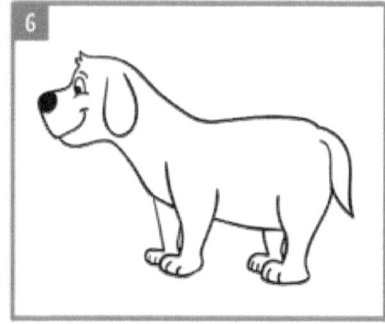

CISNE

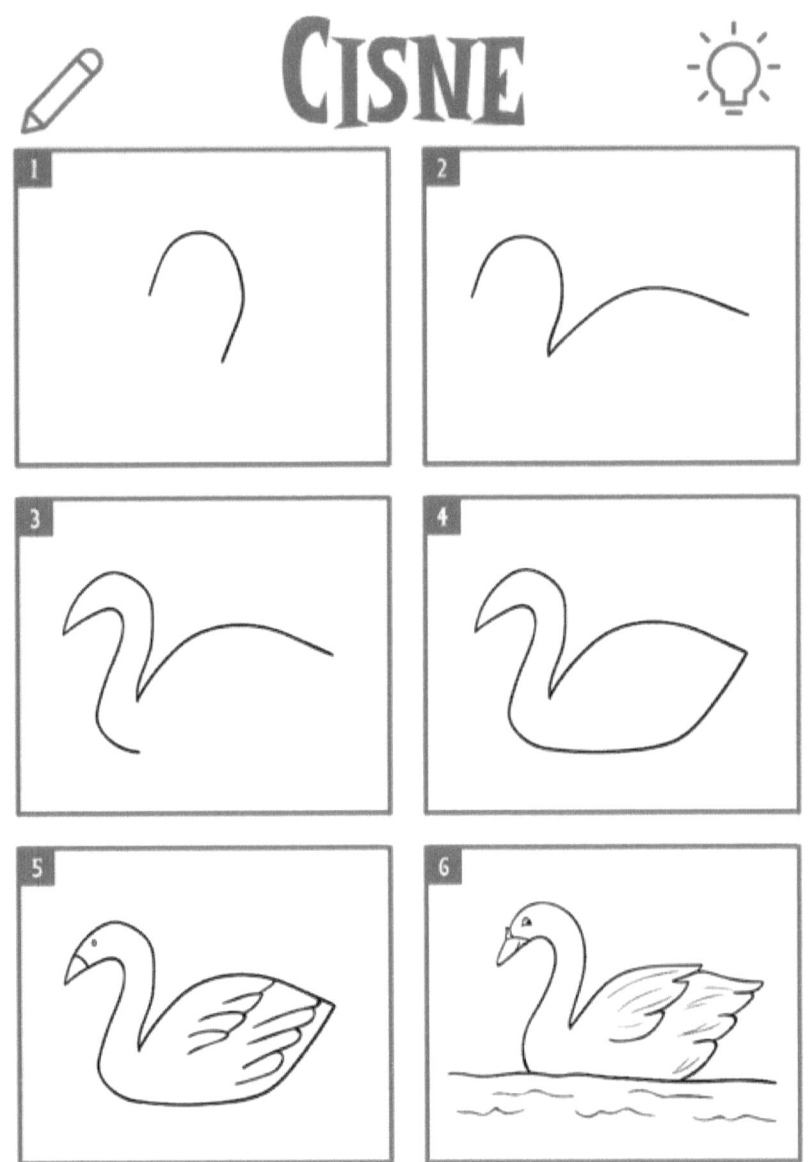

CAVALO-MARINHO

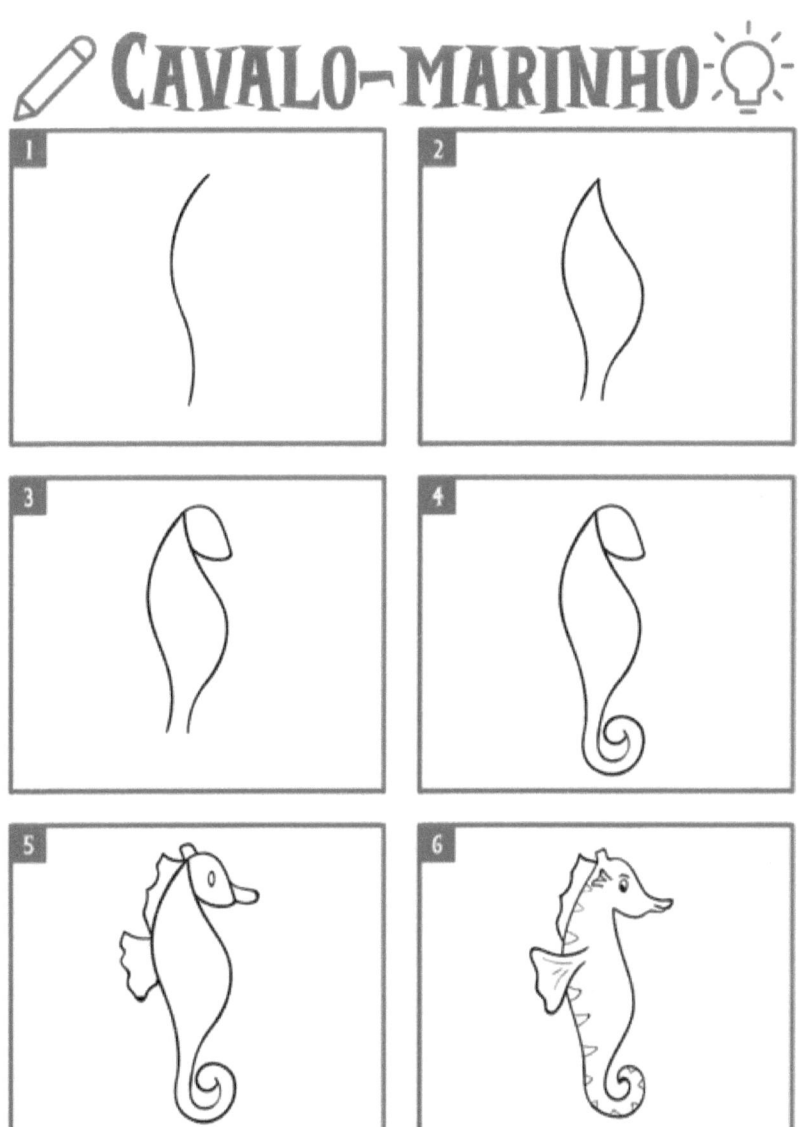

ABELHA

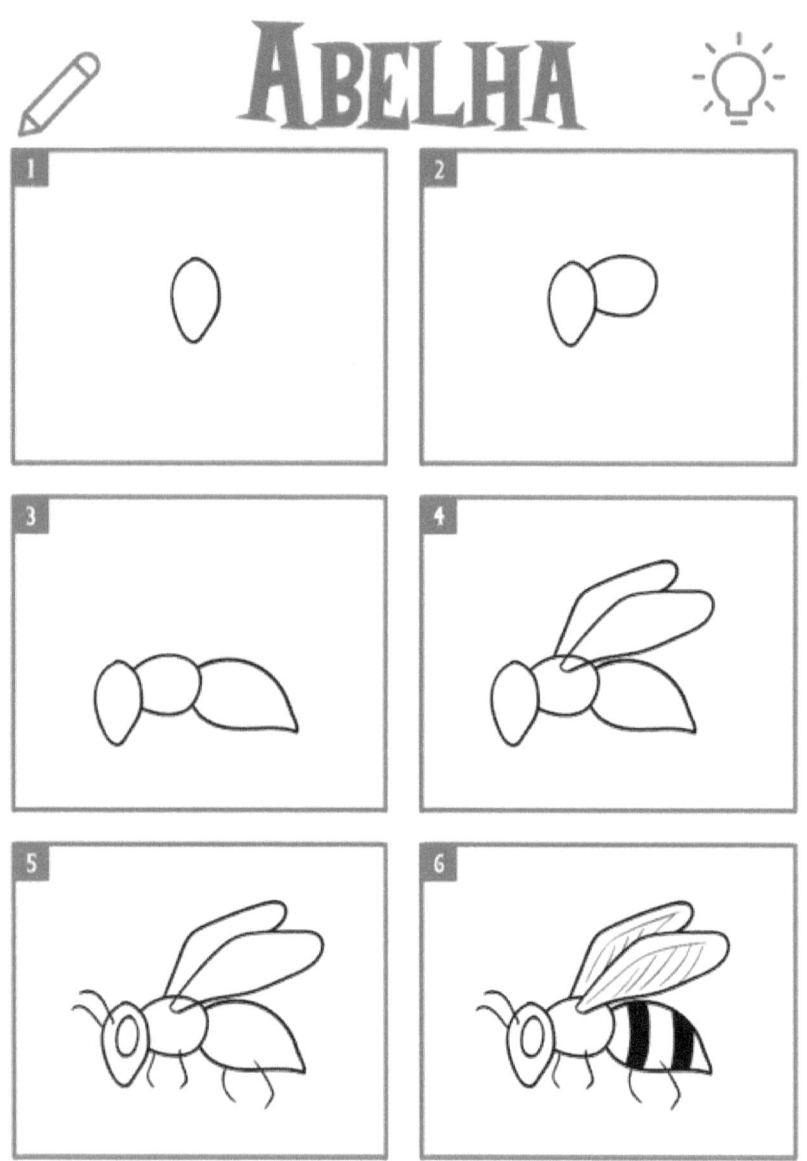

GALINHA

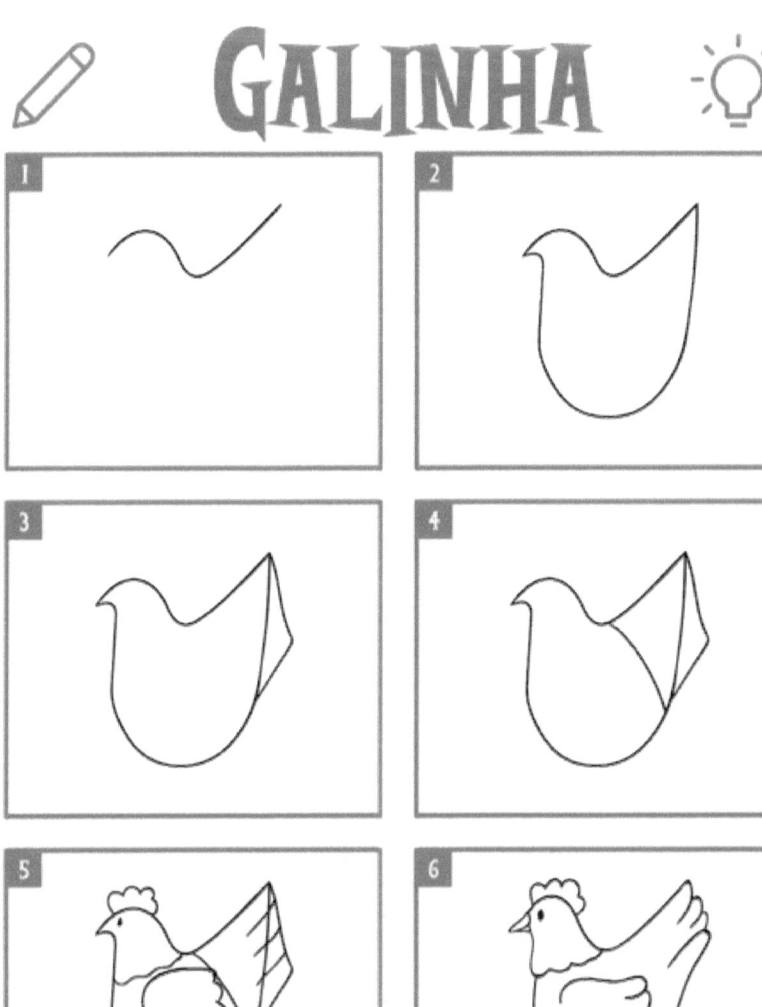

FORMIGA

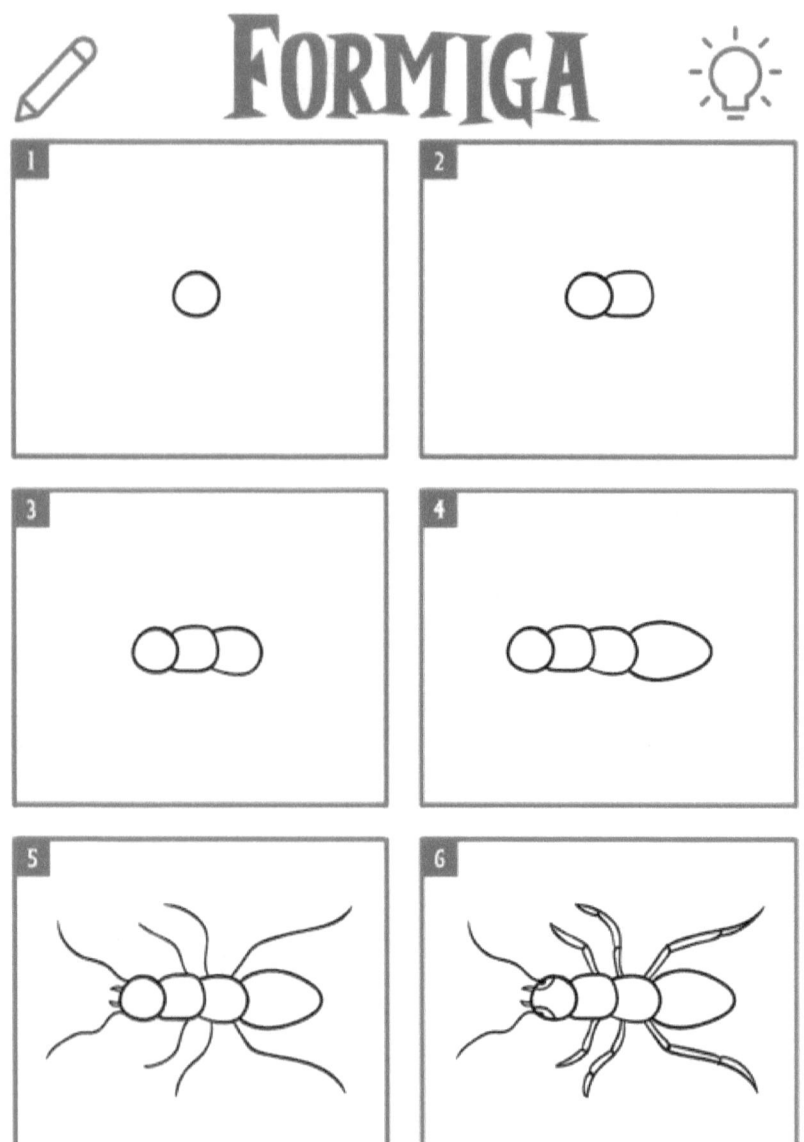

BALEIA

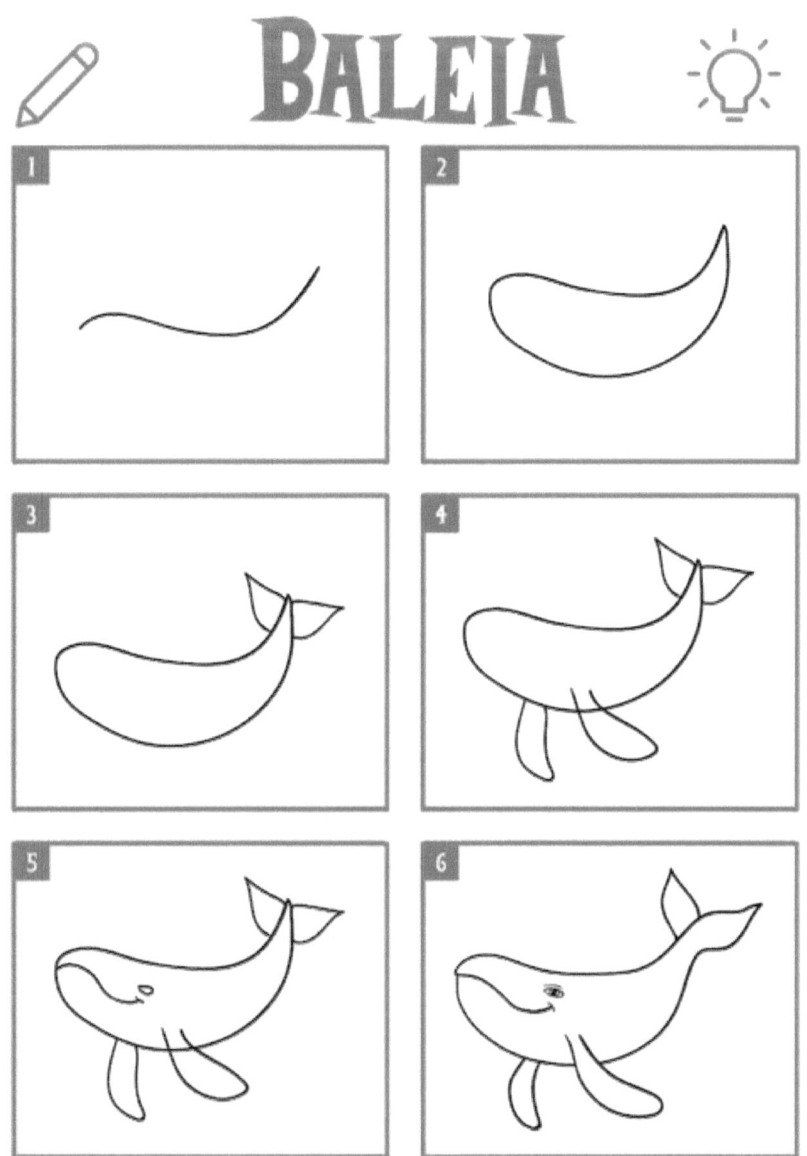

CAVALO

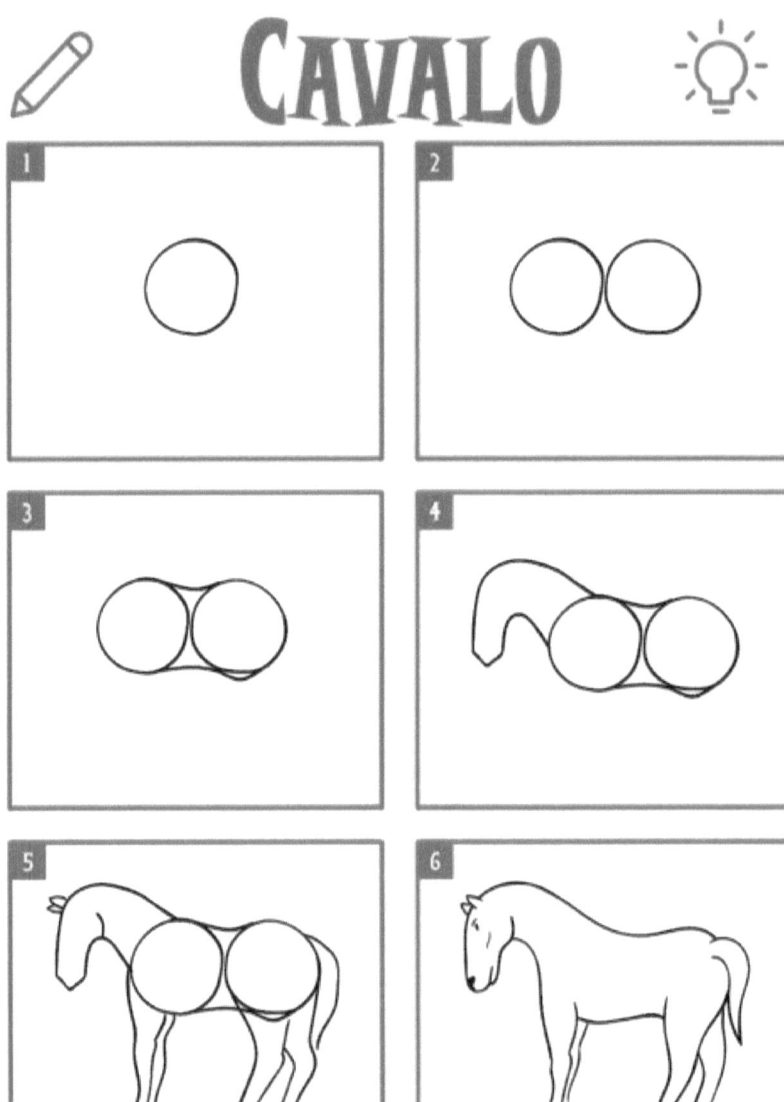

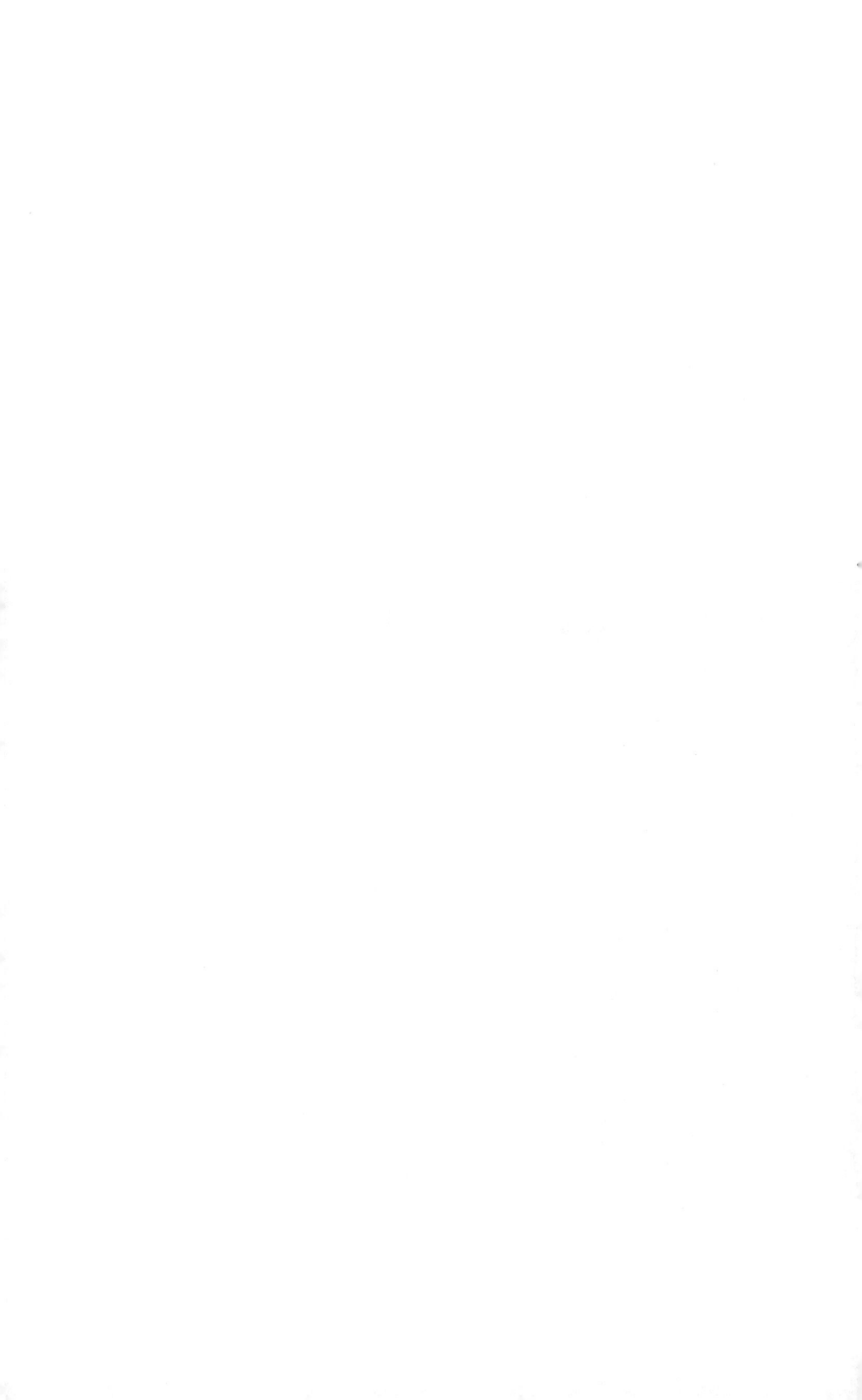

www.ingramcontent.com/pod-product-compliance
Lightning Source LLC
Chambersburg PA
CBHW021857170526
45157CB00006B/2496